AF257773

RECUEIL DE PIÈCES

RELATIVES

À L'ÉMIGRÉ GESLIN,

Condamné à mort et exécuté à Paris le 6 Nivôse
de l'an IV, ou trouvées sur lui lors de son
arrestation à Tillières, le 2 du même mois.

*Procès-verbal de la visite, faite à Tillières, départe-
ment de l'Eure, des papiers de l'ex-comte de Geslin.*

L'AN quatrième de la République française, une et
indivisible, le deuxième jour de nivôse, à midi,

S'est présenté à l'administration municipale du canton
de Tillières, département de l'Eure, le citoyen Mathieu
Aubier, garçon d'écurie chez le citoyen Glaçon, de
ladite commune de Tillières, aux fins de faire vérifier
si deux assignats de quatre cents livres que lui présentait
un voyageur qui passait avec le courier de la malle, en
paiement d'un objet que ce voyageur avait acheté, étaient
bons : ledit Aubier a trouvé à l'administration le citoyen
François Petit, commissaire provisoire du Directoire
exécutif auprès de ladite administration : sur-le-champ
le citoyen Petit a procédé à la vérification desdits deux
assignats ; et confrontation faite d'iceux avec un autre
aussi de quatre cents livres, présenté par ledit Mathieu
Aubier, il en est résulté,

1.º Que le timbre sec des deux assignats du voyageur
est bien marqué, en ce que lesdits assignats sont neufs,
mais ledit timbre sec ne porte aucune empreinte de bri-
sures ;

2.º Dans la figure de l'Égalité, étant dans le bas de
la vignette des assignats présentés par le voyageur, l'œil
de l'Égalité n'est pas distinct, il diffère beaucoup des
vrais assignats, en cette partie, ainsi que dans la main

A

tenant le niveau ; elle est très-barbouillée, et dans les vrais elle est très-nette ;

3.° Dans la légende, l'inscription en deux lignes, *la nation récompense le dénonciateur*, est très-différente de celle du vrai assignat ; dans celui-ci l'inscription est en taille douce, et dans celui-là elle paraît être en caractères mobiles ; d'ailleurs il y a moins de distance entre la ligne *la nation récompense* et celle *le dénonciateur*, qu'il ne s'en trouve dans les vrais : la première ligne *la nation récompense*, est plus éloignée de la ligne de bordure que dans les vrais, et l'accent sur la syllabe *ré* du mot *récompense*, est très-distinct dans les assignats du voyageur, mais il est peu sensible dans les vrais ;

4.° Dans les angles de la vignette portant les trois chiffres 400 livres, le 4 est bien plus près du premier zéro que dans les vrais assignats ;

5.° Dans le mot en caractères italiques *Domaines*, le *D* est manqué et diffère absolument de ceux des vrais ;

6.° Au mot *quatre* de la ligne *de quatre cents livres*, le *q* et l'*u* sont très-barbouillés ;

7.° Au mot *cents* de *quatre cents livres*, la lettre *c* diffère de celle des vrais, en ce que la première partie cette lettre est arrondie dans les assignats du voyageur et est carrée dans les vrais.

Plus, les assignats du voyageur portent en différens endroits des bavures résultant de l'impression en caractères mobiles.

A tous ces signes de contrefaction, le commissaire du Pouvoir exécutif a donné ordre d'arrêter la voiture et de conduire devant lui le courier et les voyageurs, ce qui a été exécuté par Étienne-Pierre Hedouys, gendarme à la résidence de Nonancourt, et Jacques Morin, aussi gendarme, également à la résidence de Nonancourt, lesquels ont amené devant nous le citoyen François Lesage, âgé de quarante et un ans, natif de Port-Malo, département des Côtes-du-Nord, taille de cinq pieds quatre pouces, visage ovale, cheveux blonds, front large, les sourcils blonds, les yeux bleus, le nez moyen, les lèvres vermeilles, menton fourchu, ainsi qu'il résulte d'un passe-port militaire qu'il nous a représenté, fait au quartier général à Chollet, le 21 frimaire, quatrième année républicaine, signé le général en chef, L. Hoche, avec trait. Le même citoyen François Lesage nous a également présenté un autre passe-port délivré en la maison commune à Rennes, le 19 brumaire de l'an IV, signé Gensé, officier municipal, avec trait, et Porcé, secrétaire-greffier; lequel dit passe-port de Rennes, a été visé à la municipalité de Laval, le 21 brumaire, signé Antoine Picois, maire, ensuite vu au comité civil de la section Lepelletier, pour rester à Paris trois jours, conformément à la loi, le 2 frimaire, l'an IV, signé Gabriel et Morphy, commissaires civils. Ensuite permis de rentrer dans ses foyers, à Paris, le 2 frimaire, an IV, par le commissaire de police-administrateur, Leger.

Le citoyen Hedouys, gendarme susnommé, faisant rapport de la mission que nous lui avions donnée, d'arrêter toutes les personnes contenues dans la malle, nous a observé qu'en entrant dans la cuisine du citoyen Glaçon, il a aperçu le citoyen Lesage monté dans la malle; qu'il s'est approché de ladite malle, qu'il a vu ledit citoyen le Sage retirer de sa poche un paquet enveloppé dans une feuille de papier gris, et le jeter parmi les paquets de la malle; qu'à l'instant ledit citoyen Hedouys s'est élancé dans la voiture, et y a trouvé un paquet qu'il a reconnu être celui qu'il avait vu sortir de la poche dudit citoyen Lesage, lequel paquet il a déposé sur notre bureau; a ajouté qu'il a trouvé encore dans ladite malle d'autres petits papiers attachés avec de la faveur bleue; qu'ayant demandé à qui ils appartenaient, ledit citoyen Lesage les a pris : ensuite ledit Hedouys ayant suivi dans la cuisine du citoyen Glaçon ledit citoyen Lesage, à qui il avait remis les petits papiers attachés avec de la faveur bleue, il les lui a redemandés pour nous en faire la représentation; que ledit citoyen Lesage a répondu à Louis Hedouys, qu'il ignorait ce qu'ils étaient devenus.

Lesdits citoyens gendarmes ont amené avec le citoyen Jean-Baptiste-Louis Noyel, natif de Paris, domicilié à Brest depuis huit ans, département du Finistère; âgé de quarante-un ans, taille de cinq pieds quatre pouces, cheveux et sourcils châtains, yeux gris, nez ordinaire, bouche moyenne, menton fourchu, front haut, visage ovale, ainsi qu'il résulte d'un passe-port délivré à la maison commune de Brest, le 8 frimaire, l'an quatre, *signé* B. Étienne, officier municipal; M. Martel secrétaire

du bureau municipal ; et Noyel , qui est sa signature ; vis-
à-vis est le timbre de la municipalité de Brest.

En marge est écrit : vu au bureau de l'administration
du canton de Landivisio , le 14 frimaire , an quatre, *signé*
Deulloux , secrétaire. Au dos est écrit : Vu au bureau
municipal à Belle-Isle-en-terre , le 15 frimaire , quatrième
année , *signé* Rosinal , agent municipal ; ensuite : Vu
au bureau mnnicipal à Saint-Brieux , le 17 frimaire , an
quatre , *signé* Deschamps-Choisel , officier municipal.
Vu à la maison commune de Rennes pour aller à Paris ,
le 21 frimaire , au quatre , *signé* Philippe Gouin , président. Vu à l'administration municipale de Mayenne ,
le 28 frimaire , l'an quatre de la République , *signé*
Chevalier , officier muuicipal.

A été traduite aussi devant nous la citoyenne Françoise
Neubourg , épouse du citoyen Noyel ci-dessus désigné ,
native de Brest , y domiciliée , département du Finistère ,
âgée de quarante-sept ans , taille de quatre pieds cinq
pouces , cheveux et sourcils châtains , yeux bleus , nez
aquilin , bouche moyenne , menton rond , front court ,
visage ovale , ainsi qu'il résulte d'un passe-port à elle
délivré à la maison commune de Brest , le 8 frimaire ,
l'an quatre de la République , *signé* B. Etienne , officier
municipal ; Martel , secrétaire du bureau général , et
Neubourg , femme Noyel. Vis-à-vis les signatures , le
timbre de la municipalité de Brest , et les mêmes vus
qu'à celui de son mari , ci-dessus désignés.

Ont encore traduit devant nous lesdits gendarmes , le
citoyen Étienne Heute , courrier de Brest pour Paris ,
lequel nous a présenté une feuille de départ à lui délivrée
le premier nivôse , l'an quatre , à Alençon , et signée
Masson.

A l'instant nous a été présenté un chapeau que le
citoyen Lesage a reconnu être le sien. Ouverture faite
de la coiffe dudit chapeau , il s'y est trouvé plusieurs
papiers , dont descriptions ne seront point faites par
prudence.

Ensuite avons procédé à l'interrogatoire de tous le
voyageurs , en commençant par le citoyen Lesage.

A lui demandé qui lui a remis les papiers trouvés dans
son chapeau ;

Le citoyen Lesage a nié avoir mis aucuns papiers dans

son chapeau, et a ajouté qu'il était un peu décousu dans la coiffe, fait reconnu vrai.

A lui demandé s'il a connaissance des papiers à lui désignés et attachés avec de la faveur bleue : nous a répondu qu'il devait y en avoir cinq, compte fait devant lui, se sont trouvés être au nombre de quatre.

A lui demandé qui lui avait remis un paquet enveloppé dans un papier gris, et contenant cent soixante dix-neuf assignats de quatre cents livres, faux : a déclaré n'en avoir nulle connaissance.

A lui représenté un passe-port dont la transcription suit : « Au nom du roi, il est ordonné à tous officiers et » soldats des armées catholiques et royales de Bretagne, » de laisser librement voyager de Brest à Paris, et de » Paris à Brest M. le comte de Geslin, ainsi que par-tout » ailleurs où ses affaires l'appelleront. Prions tous offi- » ciers et soldats des autres armées catholiques et royales » du royaume, de lui prêter secours en cas de besoin. » Donné en conseil général, le 2 novembre 1795, » premier du règne de Louis XVIII. *Signé* le comte » Joseph de Puisaye, général en chef, chevalier de » la Crochaye ; Lemercier, de la Conterie, Guyon, » Lerondele, lieutenant ; de Boutreye, le général comte » de Vauban, maréchal-général-des-logis. » En marge est un cachet portant trois fleurs de lys surmontées d'une couronne royale soutenue par deux aigles :

A répondu qu'il n'a aucune connaissance de cette pièce.

Interrogé le courrier de la malle pour savoir s'il a connaissance du passe-port ci-dessus désigné : a ré- pondu qu'il l'a trouvé dans sa malle, un moment après le citoyen Lesage et en vérifiant tous papiers et paquets qui pouvaient se trouver dans ladite malle, par les citoyens gendarmes que nous avions envoyés à cet effet.

Avons ensuite interrogé ledit citoyen Heute, courrier de la malle. A lui demandé d'où il venait : a répondu qu'il venait de Brest. A lui demandé quel jour il avait parti de Brest : a répondu qu'il était parti de Brest le 18 frimaire.

A lui demandé où il a reçu dans sa voiture le citoyen Lesage : a répondu que c'était à Mayenne, le 29 dudit mois de frimaire dernier , sur les huit à neuf heures du matin.

Interrogé le citoyen Jean-Baptiste-Louis Noyel. A lui demandé quel jour il a monté dans la malle du courrier dont est question : a répondu que lui et son épouse avaient pris cette voiture à Rennes, le 25 dudit mois de frimaire.

A lui demandé si, pendant la route et en compagnie du citoyen Lesage , ledit citoyen Lesage ne lui aurait point tenu quelques conversations qui puissent le faire soupçonner d'être un ennemi de la République : le citoyen Noyel a répondu qu'ils n'ont eu d'autres conversations que celles relatives aux différens dogmes, et ensuite sur la guerre des Chouans.

A lui demandé si , dans lesdites conversations , le citoyen Lesage ne lui a pas manifesté son opinion sur l'état actuel de la République : a répondu que le citoyen Lesage lui a dit, qu'elle aurait bien de la peine à se soutenir ; que dans le moment présent il y avait trois partis bien prononcés dans le Corps législatif, l'un pour le Directoire exécutif, l'autre pour un des fils d'Égalité , et l'autre pour d'Artois ou Provence ; que dans peu il y aurait un très-grand changement dans les affaires de l'État, et qu'il y aurait incessamment du bruit à Paris ; que ledit Lesage a beaucoup déclamé contre les assignats ; qu'il a déclaré audit Noyel , que lui, Lesage , avait dans l'ancien régime *quatre-vingt mille livres de rente.* Ledit citoyen Noyel déclare encore que ledit citoyen Lesage lui a fait voir en route deux assignats de quatre cents livres chacun, en lui demandant son opinion, afin de s'assurer s'ils étaient faux ou vrais ; ledit citoyen Noyel lui a répondu dans le temps, qu'il ne regardait pas ces assignats aussi bons que les siens (à lui Noyel) ; il lui a même fait remarquer certaines différences. Ledit citoyen Noyel a déclaré qu'en général ledit citoyen Lesage l'avait perpétuellement contrarié dans toutes ses opinions républicaines, avec un acharnement extraordinaire ; et a ledit citoyen Noyel signé avec nous. *Signé* Petit et Noyel.

Interrogé le citoyen Heute , courrier de la malle , pour savoir s'il a connaissance des articles contenus en la déclaration dudit citoyen Noyel :

A répondu que le citoyen Noyel n'avance que la vérité, et que plusieurs fois il a essayé de rompre la conversation desdits Lesage et Noyel, vu qu'elle était quelquefois des plus animée; pourquoi ledit citoyen Heute a signé avec nous. *Signé* Petit et Heute.

Interrogé la citoyenne Françoise Neubourg, épouse dudit citoyen Noyel, pour savoir si elle a connaissance des articles contenus en la déclaration de son mari:

A répondu qu'oui, et qu'il n'avait accusé que la vérité; qu'elle-même avait plusieurs fois essayé de changer de conversation et de ramener le calme troublé par la différence d'opinion entre son mari et le citoyen Lesage; pourquoi ladite citoyenne Neubourg a signé avec nous. *Signé* François Neubourg, femme Noyel, Petit.

Nous avons de suite procédé à la vérification des différens effets appartenant audit citoyen Lesage:

1.° Dans un porte-manteau de cuir, avons trouvé une redingote en toile cirée, deux paires de souliers, un précis de l'affaire Cormatin et de ses frères d'armes; défense *de idem*, le tout imprimé; des rasoirs, savonette et autres ustensiles de route, ne présentant aucun intérêt;

2.° Dans un porte-feuille, dont l'ouverture a été faite présence dudit citoyen Lesage, ainsi que du porte-manteau ci-dessus, avons trouvé un assignat de mille livres, de la création du 18 nivôse de l'an 3, signé Noël, n.° 460, série 1463, et plusieurs billets de cinq francs, de dix, de quinze sous. Plus, un petit dessin représentant deux cœurs enflammés, surmontés d'une croix; au-dessous est écrit: *Cœur sacré, ayez pitié de nous.* Ensuite une empreinte en cire rouge, sur un morceau de papier blanc, présentant un écusson qui paraît être d'argent, au chevron brisé de.... accompagné de trois croissans, deux et un; ledit écusson surmonté d'une couronne de marquis. — Plus, un emblême au crayon mine de plomb, représentant une croix portée sur un cœur, appuyée par deux épées en sautoir; deux hommes armés l'un d'une pique et l'autre d'une massue, portent ou soutiennent , au-dessus de la croix, une couronne royale, surmontée du cri *Vive le roi !*—Plus, un morceau de carte coupée par ondulation d'un angle à l'autre, et devant être rapproché à l'autre partie ; le long de l'ondulation, sont des caractères à la main, qui sont coupés. Plus, un petit écrit conçu en ces termes :

« J'ai reçu de M. de Geslin le *duplicata* d'une autori-
» sation pour faire un emprunt de vingt mille livres en
» numéraire , en date du 1.er novembre 1795 , passé à
» son ordre, le 3 du même mois, par M. Leveneur. Paris,
» le 4 frimaire. *Signé* Hervé ».

Lesquels écrits dénommés ci-dessus avons remis dans le porte-feuille que nous avons sur-le-champ enveloppé et cacheté du sceau de la municipalité, et en présence dudit citoyen Lesage ;

3.° Vérification faite , par les gendarmes, des poches et habits dudit citoyen Lesage, nous l'avons trouvé nanti d'une bonbonnière , sur laquelle est un portrait de femme ; et, dans ladite bonbonnière, sont deux croix, l'une dite de Saint-Louis, et l'autre de Saint-Lazare. — Un couteau garni en écaille, portant une lame, une fourchette, un tire-bouchon et un canif. — En monnaie métallique, dix-huit louis d'or de vingt-quatre livres, quarante-huit sous en petites pièces d'argent, trente pièces de six liards et dix sous six deniers en monnaie de cuivre. Nous avons cacheté les quatre rouleaux de monnaie ci-dessus désigné, du sceau de la municipalité ; nous avons remis les croix de Saint-Louis et Saint-Lazare dans la bonbonnière ; nous l'avons réunie à la monnaie, et fait du tout un paquet également scellé du cachet de la municipalité, le tout en présence dudit citoyen Lesage, qui a signé avec nous pour reconnaissance de la vérité. *Signé* Petit. — F. Lesage.

Interrogé ledit citoyen Lesage sur les croix de Saint-Louis et Saint-Lazare trouvées dans la bonbonnière , et demandé si ces croix lui appartenaient à titre de récompense militaire :

A répondu que non, et qu'il les avait acquises d'un marchand, aux environs de Laval, dont il ignore le nom.

Nous avons ensuite procédé à la vérification des effets du courrier de la malle et des autres voyageurs.

Le citoyen Noyel a été visité dans ses poches , habits et porte-manteau où nous avons trouvé vingt mille livres en assignats de toute nature, différens effets de voyage et divers petits meubles, comme couteaux, ciseaux, &c. qui ne méritent pas de description, aucune chose ne nous ayant paru contraire au bon ordre et au maintien de la République.

Nous en avons usé de même envers l'épouse dudit citoyen Noyel et du courrier de la malle, dans les poches, habits et paquets desquels nous n'avons rien trouvé qui puisse être préjudiciable à l'état actuel des choses et à la République.

Ce que les citoyens et citoyennes ont signé avec nous.

Signé FRANÇOISE NEUBOURG, *femme Noyel ;* NOYEL, HEUTE et PETIT, *commissaire extraordinaire.*

Il résulte des rapports des gendarmes, et des dires dudit citoyen Lesage, qu'il connaissait le nombre des pièces désignées par de la faveur bleue ; que le passe-port trouvé dans la malle, paraît être la cinquième pièce dont ledit Lesage a parlé ; que, d'après les papiers et signes royalistes trouvés dans son porte-feuille et dans son chapeau entre la coiffe et ledit chapeau, il paraît certain que ledit Lesage n'est autre chose que le ci-devant comte de Geslin, désigné au passe-port formant la cinquième pièce à faveur bleue.

D'observation que les cinq pièces dont il s'agit, avaient été trouvées dans la malle par le citoyen Hédouys, gendarme, qui les avait remises audit Lesage, sur sa demande, lequel nous a déclaré les avoir jettés sur le rebord d'une croisée dans l'appartement du citoyen Glaçon, à dessein, a-t-il dit, que celui à qui ces pièces appartenaient ne pût être inquiété pour raison d'icelles : ces pièces ayant disparu, les gendarmes ont fait perquisition, et Morin, gendarme, les a découvertes sur ledit rebord de la croisée, et ces pièces nous ont été apportées.

Et avons des faits ci-devant énoncés fait la dénonciation à l'officier de police de ce canton, pour statuer ce qu'il appartiendra.

Vu l'importance des pièces dont ledit Lesage s'est trouvé nanti, nous François Petit, commissaire du Directoire exécutif, susdit et soussigné, avons déterminé que, pour plus de célérité et de sûreté dans l'affaire dont il s'agit, l'intérêt général nous faisait une loi, dans la circonstance actuelle, d'accompagner ledit François Lesage auprès du Directoire exécutif, avec les pièces citées au présent et celles dont, par prudence, connaissance n'a pas été prise par nous.

Vu aussi le retard occasionné dans le passage du courrier à Paris, nous avons cru prudent de partir, tant avec ledit courrier qu'avec les deux autres voyageurs, pour, l'affaire dudit Lesage étant portée au Directoire exécutif, être statué par ledit Directoire, par rapport auxdits courrier et voyageurs, ce qu'il jugera convenable et utile.

Dans la première page, deux mots sont rayés.—Dans la troisième, le mot *neuf* est surchargé. — Dans la sixième, quatre mots rayés. — Dans la huitième, les mots *par les gendarmes* par renvoi en marge. — Dans la neuvième, les mots *pas de* en surcharge.

Le présent, clos sur les huit heures du soir, a été signé, tant par nous commissaire du Directoire exécutif que par le citoyen Jacques Bostel, agent municipal de la commune de Tillières, et les susdits Hedouys et Morin, gendarmes, lesdits jour, mois et an rapportés en tête du présent.

Signé PETIT, *C.*^re *p. d. D. ex.* BOSTEL, *agent;* HEDOUYS, MORIN.

Je, Joseph Guersant, juge de paix du canton de Tillières, sur la dénonciation à nous faite cejourd'hui par le citoyen François Petit, commissaire du Directoire exécutif, contre le nommé François Lesage, prévenu de complicité avec les ennemis de la République, avons pris lecture du contenu au présent procès-verbal ; et vu la gravité des faits y énoncés, avons délivré un mandat d'arrêt contre ledit François Lesage, pour être transféré sur-le-champ auprès du Directoire exécutif.

A Tillières, le deuxième jour de Nivôse de l'an 4.

Signé GUERSANT.

Certifié conforme :

Le Ministre de la Justice,

MERLIN.

EXTRAIT d'un Mémoire saisi à Tillières, le 2 Nivôse de l'an IV, sur l'ex-comte de Geslin, et que la femme Premilon, *arrêtée depuis à Paris, a reconnu avoir écrit de sa propre main.*

A Paris, ce 25 Novembre 1795.

POUR former un plan de conduite vis-à-vis des Parisiens, et calculer ce que l'on peut raisonnablement attendre d'eux, il convient de connaître l'esprit général de Paris, avant et depuis le 13 vendémiaire dernier (5 octobre 1795).

Avant cette époque, les honnêtes gens regrettaient leur dieu, leur roi, et l'ancien régime ; ils gémissaient presque toujours dans le silence ; mais ils desiraient la possibilité de renverser la Convention. La haine que lui portaient les êtres bien pensant de toutes les classes indistinctement, jointe à l'amour du changement qui entrera toujours pour beaucoup dans les déterminations du Français, avait amené l'insurrection, dont l'effet devait être de précipiter les usurpateurs et de rétablir la monarchie. Mais une entreprise qui exigeait des talens, de la prudence, de l'ensemble et de la maturité, a malheureusement été conduite par des jeunes gens sans expérience, qui n'avaient que du zèle, et qui n'étaient pas même soldats.

L'affaire du 13 vendémiaire ayant échoué par les mauvaises dispositions d'un plan mal conçu et plus mal exécuté, la seule conséquence raisonnable que l'on puisse en tirer, c'est qu'en général les esprits étaient mécontens du gouvernement ; mais on se tromperait en concluant que tous voulussent y substituer l'ancien ordre de choses. Mettant à part la classe, malheureusement peu nombreuse, des honnêtes gens qui ne séparent pas leur roi de leur dieu, et une poignée d'artisans laborieux et bien pensant, le reste n'aspirait qu'à un changement qui lui procurât plus d'aisance, mais lui laissât sa licence, sa chimérique égalité, son irréligion : telle est, je frémis de le dire, mais j'en dois l'aveu, telle est la façon de penser des sept dixièmes de Paris.

D'après ce calcul, on peut apprécier les ressources que promet la classe préservée de la corruption ; c'est,

A 6

en général, la plus aisée ; mais combien elle renferme encore d'égoïsme, de faiblesse, de crainte et de lâcheté ! Il ne faut donc pas en attendre cette hardiesse qui fait braver les dangers, cette énergie qui fait tout entreprendre. Et il faut convenir qu'elle est excusable jusques à un certain point, quand on considère que tous ceux qui ont été connus pour travailler à servir la bonne cause, ont été immolés. Ceux qui s'y sont dévoués d'une manière active et qui existent encore, ne doivent leur conservation qu'à une excessive prudence ; mais il ne faut qu'une indiscrétion de leurs coopérateurs ou de quelques correspondans, ou même un hasard malheureux pour les perdre sans retour.

Les souverains n'ont pas voulu sentir que la révolution de cet empire attaquait, ébranlait tous les trônes ; que leur sûreté personnelle n'était pas moins intéressée que leur gloire à relever celui du roi de France et à le consolider : il est plus que temps de renoncer à eux, il faut les abandonner à leur malheureux sort. Les Français sont hors d'état de se sauver seuls ; mais, encore une fois, il leur faut absolument leurs princes pour chefs et pour guides. Nul doute que les Républicains, pour lesquels rien n'est sacré, imagineront, emploieront toutes sortes de ruses, de manœuvres, de trahisons. Le fer, le poison, les propositions insidieuses, les traités mensongers, tout cela leur est familier ; ils y auront recours : mais est il donc possible de se tenir sévèrement sur ses gardes ! ne peut-on conserver des dépôts si précieux à force de précautions, de vigilance, d'amour et de zèle !

En ce moment le découragement est grand ; l'incertitude sur la situation des Bretons, sur les forces que les armées catholiques et royales ont à opposer aux républicains que l'on répand avoir cent vingt mille hommes contre elles, la méfiance sur les dispositions de l'Angleterre, tout cela y contribue. D'ailleurs, on rencontre par-tout des gens faibles qui prétendent que la constitution marche, et que, puisqu'elle a un commencement d'exécution, elle pourra se soutenir long-temps.

Il serait bien nécessaire que des relations exactes des affaires qui ont lieu entre les troupes du roi et celles des régicides, pussent arriver ici, y être connues promptement : en un mot, il faudrait tenir en haleine l'espérance des uns et la terreur des autres.

(13)

Un écrivain Jacobin imprimait hier un article ainsi conçu : « Quand le peuple est malheureux et sans pain, le
» gouvernement ne peut long-temps se maintenir. Quand
» les choses de première nécessité viennent à manquer,
» les citoyens ne reconnaissent plus une puissance qui
» ne les nourrit plus. Vous devez donner du pain au
» peuple et veiller à ses besoins, faire diminuer le prix
» des denrées, comprimer l'accaparement et l'agiotage,
» empêcher que, chacun étant obligé de faire le com-
» merce pour vivre, l'esprit d'avidité, d'égoïsme, de
» vol, ne s'introduise dans toutes les classes de la société
» pour y étouffer les dernières semences de la morale,
» du patriotisme et de la vertu.... Vous devez détruire
» la misère publique, cet aliment éternel des factions...
» Les factions creusent le tombeau des empires......
» Vous devez placer par-tout des patriotes probes et
» énergiques, qui puissent relever l'opinion, ce premier
» ressort du gouvernement. Il faut créer la Répu-
» blique, qui n'a pas encore existé... Il faut offrir le
» véritable état de la France et ne plus abuser le peuple
» par un vain étalage de promesses et de mensonges...
» Il est temps d'avouer qu'une République sans pain,
» sans bonheur général, sans liberté, n'a que trop jus-
» tifié jusqu'à présent les diatribes éternelles du roya-
» lisme contre la révolution ». (*Journal des hommes
libres, n.° 26*).

Certainement nous ne dirions pas mieux.

Dans de pareilles circonstances , si l'on avait des sommes à distribuer à propos en numéraire, avec dis-crétion , ou en assignats avec profusion, on pourrait tirer parti du mécontentement.

Les assignats *anglais* feraient merveille , et l'on ne risquerait pas de s'appauvrir en les prodiguant; mais il faut de grandes précautions pour les introduire. De manière ou d'autre, il serait fort à propos d'avoir une caisse pour subvenir aux dépenses indispensables, et salarier des agens honnêtes mais pauvres, qui se con-sacreraient absolument au service de la cause du roi.

Une chose très-importante à considérer encore, c'est que, par suite de la disette ou d'autres événemens, il pourrait arriver que d'un instant à l'autre, les autorités illégitimes fussent renversées; il serait donc de l'intérêt

A 7

le plus pressant d'en constituer sur-le-champ de nouvelles. Y aurait-il de l'inconvénient à tenir à Paris un plénipotentiaire fidèle, discret et actif, qui pût au besoin s'associer des hommes dignes de confiance, et choisir provisoirement, au nom du roi, des chefs, tant civils que militaires ? Monsieur est supplié de peser cette idée dans sa sagesse : son titre de lieutenant-général du royaume, lui donnerait le droit de revêtir ce plénipotentiaire des pouvoirs qui lui seraient nécessaires.

J'ai fait connaître l'esprit actuel des Parisiens et la situation de leur ville ; mais il ne faut pas en conclure que le roi n'y trouvera point les ressources que l'on semble en espérer ; une grande partie de la classe des propriétaires est à lui ; les moins aisés le serviront de leur plume et de leur influence. Cependant les propositions du conseil général n'ont point paru admissibles aux personnes avec lesquelles j'en ai conféré. Voici leurs objections :

1.° Des hommes raisonnables ne livreront pas leurs signatures : trop d'exemples malheureux ont prouvé le danger de cette mesure ;

2.° Ils pourront faire des associations secrètes entre eux ; mais jamais ils ne se feront connaître individuellement au conseil général, ils se contenteront de traiter ici, par l'entremise d'un des leurs, avec le représentant du conseil général par lui ostensiblement avoué ;

3.° Ce représentant ou correspondant traitera seul avec celui des associés ou avec les particuliers qui préféreront de s'aboucher secrètement avec lui ; les reconnaissances qu'il donnera des sommes ou effets seront au porteur ; et il ne transcrira sur son registre que la somme ou la nature d'effets avec la date de la reconnaissance au porteur.

Ces précautions sont indispensables dans un temps aussi orageux et où tous les genres d'inquisitions sont à craindre.

Les prêteurs désireraient encore que la correspondance entre l'agent du conseil général et le leur, se fît par des envoyés sûrs, et non par la voie de la poste ; de plus, que les lettres (écrites en encre sympatique autant qu'il serait possible) ne continssent jamais de noms, ni rien d'indicatif sur les prêteurs.

On pense qu'il serait également prudent à l'agent du conseil, de ne jamais avoir chez lui le dépôt de sa correspondance ni ses registres : il n'aurait que des feuilles volantes qu'il enregistrerait et brûlerait ensuite.

Si *Lemaître* n'avait pas gardé dans son appartement sa correspondance, il n'aurait pas péri ni compromis tant d'honnêtes gens. En marge du premier recto est écrit *ne varietur*. Le général président, *signé* Peyre.

Certifié conforme :

Le Ministre de la Justice,

MERLIN.

EXTRAIT d'un autre mémoire saisi à *Tillières*, département de l'Eure, le 2 Nivôse de l'an 4, sur l'ex-comte de Geslin.

LE seul amour de la vérité dicte à un sujet fidèle, sincèrement dévoué aux intérêts de son roi et jaloux de procurer par tous les moyens qui seront en son pouvoir, le rétablissement de l'autel et du trône, les réflexions suivantes :

Il paraît que son altesse royale, Monsieur, frère de sa Majesté, a été cruellement trompée dans les détails qui lui ont été donnés sur les Chouans et la Vendée. On ne doit attribuer qu'à cela seul, le non-succès de la descente projetée, et les revers subséquens.

Charrette, après avoir conclu la paix pour des motifs que son attachement à la cause excuse, a rompu prématurément cette paix sans l'aveu de ses collègues.

Cette rupture a fait pressentir à la République, que là devaient se porter les grands coups, et qu'il existait un projet tendant à réunir aux royalistes de la Vendée, la personne chérie d'un de leurs princes.

Ces pressentimens se sont changés en certitudes par une suite d'indiscrétions qu'ont commis quelques individus que l'enthousiasme a fait parler à contre-temps et révéler dès leur naissance des projets dont le secret eût garanti l'exécution.

La République, alors triomphante sur le Rhin, fit

A 8

refluer sur la Vendée une partie des forces que la paix de l'Espagne laissait à sa disposition, et porta, d'après l'état exact que j'ai sous les yeux, son armée, dans le pays, à quarante-cinq mille deux cent quatre-vingt-dix-sept hommes effectifs.

Nonobstant cette masse imposante, Charrette eût pu faciliter la descente à Saint-Jean de Mons; les forces républicaines n'étant pas alors bien distribuées sur la côte; mais il assura qu'il avait reçu des renseignemens positifs qui lui annonçaient qu'il n'y aurait pas de descente, et l'un de ses chefs divisionnaires engagea très-imprudemment le combat de Saint-Cyr; il y fut tué, les troupes de Charrette battues, et son rassemblement dispersé.

Depuis cette malheureuse époque aucunes tentatives n'ont été faites par le général pour seconder le projet de descente, et il s'est constamment tenu dans l'intérieur du pays. A peine la saison a-t-elle anéanti ce même projet, pour un temps, que les forces républicaines placées à la côte, n'ayant plus rien à craindre du côté de la mer, ont reflué dans l'intérieur et entrepris de désarmer les royalistes de la Vendée.

Comment résister à cette masse autant aguerrie que féroce, dont les généraux prennent à tâche d'isoler la cause des chefs vendéens de celle des habitans, en épargnant ces derniers et menaçant les autres qu'ils représentent comme ayant trompé le peuple par de fausses promesses, abusé de sa crédulité, compromis son existence et ses propriétés.

Peut-être l'aurait-on pu dans le principe avec de l'union; mais, nous le dirons à regret, avec d'autant plus de franchise que nous avons moins d'intérêt à le dissimuler, Charrette condamna Stofflet à mort, en décembre 1794, pour avoir créé des obligations imprimées et commerçables, afin de discréditer les assignats, ce qui a réussi. Il fit la paix sans l'en prévenir, s'offrit de marcher contre lui pour l'y contraindre, et ne se reconcilia avec lui, après la paix générale, que par la cession que lui fit ce dernier d'une partie de son territoire.

Depuis cette époque, il lui a suggéré d'envoyer au Comité de salut public et l'a ensuite désavoué. Il a déclaré la guerre sans l'en instruire, et marché pour favoriser la descente, sans se concerter avec lui. Ces torts difficiles

à pardonner, s'ils n'étaient que personnels, le deviennent
plus encore parce qu'ils intéressent le bien général ; il
serait à desirer qu'ils s'évanouissent ; mais leur continuité
d'une part, comparée avec les sacrifices de l'autre ne sert
qu'à les aggraver. Le titre de généralissime accordé à
Charrette ne serait-il point encore un microscope propre
à les grossir.

Stofflet se souviendra sans doute qu'il était major général
de la Vendée entière, en 1793, lorsque Charrette n'était
que chef divisionnaire, soûmis à ses ordres ; il se rappel-
lera qu'en cette qualité il contribua à gagner les batailles
de Vihiers, Evron, Châtillon, Doué, Saumur, Extrames,
Dol, &c. auxquelles Charrette n'assista pas, et qu'il
eût aidé à recueillir à Torfou les restes fugitifs de l'armée
de ce dernier, s'il n'eût pas reçu alors une balle dans la
cuisse. Avec ces titres et la fausse annonce d'un grade
qu'il n'avait pas, il est à craindre que la peine n'ait assiégé
son cœur, et qu'il n'ait cru que l'on avait déprécié dans
l'esprit du roi et de son altesse royale, les services qu'il
avait rendus à la cause.

A ces maux malheureusement trop sentis, quels re-
mèdes ! une guerre générale ! mais la saison y met des
entraves : l'évacuation de l'Isle-Dieu décourage ; le nombre des forces républicaines effraie ; l'on craint une dévas-
tation générale à la suite de laquelle la Vendée n'offrirait
plus à son roi qu'un monceau de ruines.

Serait-ce une pacification générale ! la première fut un
fléau, la seconde serait plus désastreuse encore et finirait
par amortir l'esprit public dans ces contrées.

Quels moyens pourrait-on donc employer avec succès ?
ouvrir des négociations avec la République ; les traîner
en longueur en multipliant les difficultés ; tenir pendant
ce temps le peuple en haleine et sur une défensive respec-
table ; entretenir des liaisons au dedans et au dehors ;
préparer ses batteries avec plus d'assurance et d'union ;
concerter un plan général pour l'époque la moins éloignée,
et pousser ainsi la dure saison jusqu'au débarquement
promis par son altesse.

Que résultera-t-il de ce plan ! que les côtes moins
menacées se dégarniront, et que la République dimi-
nuera sensiblement la masse de ses forces dans la Vendée,
avec d'autant plus de raison, qu'elle aura l'espoir d'ap-
paiser les troubles de l'intérieur, et le besoin le plus

A 9

pressant de ces mêmes forces pour compléter l'armée d'Italie, et s'opposer au succès de Clairfait et de Wurmser.

Ce plan dicté par la connaissance intime des projets de la République, des ressources du pays et du caractère des habitans, offre à son altesse royale un avantage inappréciable, celui de préserver du sort le plus désatreux une contrée déjà trop épuisée, qui se dévouerait elle-même, en faisant au milieu de l'hiver, une guerre active contre des ennemis qui ne l'attaqueront pas dans son entier, mais par parties et successivement avec toutes leurs forces.

Il est encore essentiel que son altesse sache que le dernier plan envoyé par elle aux chefs des armées catholiques et royales, ne peut être exécuté ; que les Vendéens ont passé la Loire une fois et ne le feront pas une seconde ; et que quand bien même ils le voudraient, la saison, la rapidité du fleuve grossi par les pluies, et les forces qu'ils ont sur les bras, ne le leur permettraient pas.

Nous ne pouvons encore dissimuler à son altesse, que le parti d'Orléans s'agite plus que jamais et s'applique à gagner dans l'intérieur, des prosélites et des agens.

Pour copie conforme :

Le Ministre de la justice,

M E R L I N.

INTERROGATOIRE *subi à Paris, le 3 Nivôse de l'an 4, par l'ex-comte* DE GESLIN.

L'AN quatrième de la République française, une et indivisible, le trois nivôse, huit heures et demie du soir ; en conséquence des ordres à nous adressés par le citoyen ministre de la justice, par sa lettre en date de cejourd'hui, nous, Jean-Baptiste-Gaston-Thomas Duperron, juge de paix de la section de l'Ouest, nous sommes transportés dans une maison rue de Seine, section de l'Unité, dite maison de Seine : étant monté au premier étage, y avons trouvé le citoyen Petit, commissaire provisoire du pouvoir exécutif près l'administration municipale du canton de Tillières, département de l'Eure, avec un particulier gardé par deux gendarmes, à l'interrogatoire duquel nous avons procédé, d'après les ordres à nous donnés par le citoyen ministre de la justice, et les instructions particulières contenues en sa deuxième lettre à nous remise par le citoyen Petit.

Interrogé sur ses nom, surnoms, âge, qualité et demeure : a répondu qu'il s'appelait René-Guillaume-Paul-Gabriel-Étienne Geslin de la Villeneuve, dit Lesage, âgé de 41 ans, ci-devant colonel à la suite de la cavalerie, et actuellement marchand, suivant les patentes qu'il a obtenues, domicilié à Paris, rue de la Loi.

Interrogé depuis quel temps il a quitté le service :

A répondu ne l'avoir point quitté.

Interrogé s'il était au régiment lorsqu'il a quitté le service, et dans quelle ville et département ce régiment était :

A répondu qu'il n'était point à son corps, ne se rappelle point où était son régiment, qu'il était éparpillé par escadrons en différens endroits.

Interrogé où il a habité depuis mil sept cent quatre-vingt-douze, qu'il dit avoir quitté le service :

A répondu qu'au mois de mai mil sept cent quatre-vingt-douze, il demeurait à Saint-Germain depuis au moins quatre ans.

Interrogé s'il y a constamment demeuré depuis cette époque :

A répondu que non.

Interrogé quelle ville il a habitée, ou campagne, depuis qu'il a quitté Saint-Germain :

A répondu que, comme il a été incommodé, il a été, pour rétablir sa santé, aux eaux d'Aix - la - Chapelle ; qu'il est à la connaissance de nombre de personnes de Saint-Germain, qu'il était perclus de ses membres lorsqu'il est parti pour aller prendre les eaux d'Aix-la-Chapelle.

A lui demandé en quel mois il est parti de Saint-Germain pour aller aux eaux :

A répondu que c'est en mai mil sept cent quatre-vingt-douze.

Lui avons demandé de nous représenter les passe-ports qu'il a dû obtenir à cette époque pour faire ce voyage :

A répondu ne pouvoir en représenter, parce que la loi sur les passe-ports était rapportée à cette époque ; qu'il est en état d'en justifier par un certificat du procureur de la commune de Saint-Germain, qui atteste qu'il s'est présenté pour en obtenir.

A lui demandé s'il était au service à l'époque de la révolution, et s'il y est resté jusqu'au mois de mai mil sept cent quatre-vingt-douze :

A répondu qu'il n'a point rejoint son régiment depuis mil sept cent quatre-vingt-neuf ou quatre-vingt-dix ; que comme il était colonel à la suite, il n'y a point été mandé, qu'il n'a point donné sa démission.

Interrogé à quelle époque il a quitté Aix-la-Chapelle :

A répondu qu'il l'a quitté lorsque les Français s'en sont emparés, et qu'il s'est retiré à la Haye, attendu qu'il était encore attaqué de la goutte ; ce qu'il peut justifier par les pièces qu'il produira.

A lui représenté qu'il ne pouvait ignorer la loi qui ordonnait à tous les Français de rentrer dans leur patrie, sous peine d'être réputés émigrés ; que son devoir était de satisfaire à cette loi :

A répondu qu'il était dans son lit, que son domestique était obligé de le porter dans un drap pour le changer de lit ; qu'il lui eût été impossible d'obéir à la loi ; que ceux qui l'ont connu à la Haye sont en état de l'attester ; qu'il en a les certificats du médecin qui l'a traité en Hollande.

Lui avons représenté que la preuve qu'il n'était point réduit à l'impossibilité de se faire transporter en France comme il nous l'avance, résulte de l'aveu qu'il vient de faire, qu'il s'est fait transporter à la Haye à l'approche des Français à Aix-la-Chapelle :

A répondu qu'étant malade, il n'avait point eu la force de souffrir le transport ; que d'ailleurs, quand il l'aurait pu, il n'aurait point voulu s'exposer à être la victime du régime de Robespierre, et se faire égorger comme tant d'autres personnes.

Lui avons représenté que s'il n'eût point été émigré, il n'aurait point fui à l'approche des Français, qui, le trouvant à Aix pour cause de maladie, et muni de certificats de médecins, ne lui auraient fait aucun mauvais traitement :

A répondu que les Français étaient obligés de fuir, parce qu'on les aurait égorgés, ainsi qu'à Liége, où on les fusillait.

Lui avons représenté qu'Aix-la-Chapelle étant sous la domination d'une puissance étrangère, même ennemie, il n'avait pu s'y rendre que furtivement, puisqu'il n'avait point de passe-port; que tout Français a toujours été obligé d'en prendre lorsqu'il est question de passer chez l'étranger; que le ministre des affaires étrangères a toujours donné ces passe-ports, et non les municipalités :

A répondu qu'il l'ignorait; qu'il a passé par-tout sans qu'on lui en demande, notamment à Lille, où il était le jour que M. Dillon a été massacré.

A lui demandé quel genre de commerce il fait, puisqu'il nous a dit qu'il avait des patentes :

A répondu qu'il ne fait point de commerce; qu'il les a prises par suite de sa rentrée en France.

Interrogé à qu'elle époque il est rentré en France :

A répondu qu'il y est rentré lorsqu'il a cru pouvoir le faire avec sûreté, lors de la proclamation pour la pacification des chouans.

A lui demandé dans quelle ville il est débarqué en arrivant en France :

A répondu que c'était dans la ville de Saint-Brieux ; qu'il s'est présenté à la municipalité pour demander à jouir du bénéfice de la proclamation, ce qui lui a été accordé par la municipalité.

A lui demandé quel motif a pu le déterminer à se rendre à Saint-Brieux :

A répondu qu'il est revenu de la Hollande par l'Angleterre, où il s'est embarqué au port de Southampton il y a environ dix à onze mois, et est venu débarquer à la côte près Saint-Brieux.

Interrogé sur quel vaisseau il s'est embarqué à Southampton :

A répondu qu'il s'est embarqué sur un petit bâtiment sur lequel il y avait très-peu d'hommes, qui allaient quelquefois à la voile, quelquefois à la rame.

Interrogé s'il n'a pas servi dans les troupes anglaises qui y sont débarquées, ou autres troupes étrangères qui se sont réunies aux insurgés et aux Chouans :

A répondu qu'il n'a jamais porté les armes, ni en pays étranger, ni en France, contre sa patrie.

A lui demandé si, étant hors de France, il n'a pas eu des relations intimes avec les plus cruels ennemis de la République française :

A répondu qu'il n'a eu aucune liaison avec les ennemis de sa patrie, qu'il a toujours été occupé du soin de sa santé, et s'est contenté de faire des vœux pour le bien général.

A lui représenté qu'il ne nous dit pas la vérité ; que l'on est instruit qu'il a eu des liaisons et des conférences avec le ci-devant comte d'Artois :

A répondu que cela est extrêmement faux.

Interrogé s'il n'en a pas eu avec des personnes chargées de missions de sa part :

A répondu que non ; qu'il ne connaît personne qui ait eu des rapports avec lui , et que ce qu'il nous dit est dans la plus exacte vérité.

Interrogé s'il est venu à Paris depuis son débarquement en France :

A répondu que oui.

A lui demandé dans quel temps il y est venu :

A répondu que c'est environ trois mois après son débarquement, époque à laquelle les Chouans ont envahi la commune de Quintin et Châteaudin ; qu'il a quitté pour lors son domaine de la Villeneuve où il demeurait, qui en était à peu de distance ; que les motifs qui l'y ont déterminé ont été l'arrestation de Cormatin et autres chefs des Chouans ; qu'il a même cru utile à sa sûreté de prendre le nom de *François Lesage* , sous lequel il a obtenu des passe-ports pour éviter d'être arrêté , vu qu'il y a un *Gelin* qui a signé la proclamation.

A lui représenté qu'en quittant son nom pour prendre celui de *Lesage* , il donne lieu de penser qu'il peut être lui-même le signataire de la proclamation :

A répondu que la preuve que ce n'est point lui qui en a été le signataire, c'est que M. *Gelin* qui l'a signée a péri depuis.

Interrogé si par sa sortie de France sans passe-port, sa fuite d'Aix-la-Chapelle à l'approche des Français , sa fuite de la Hollande à l'approche des troupes victorieuses de la République, pour se retirer en Angleterre, pays ennemi de la République , il n'est pas lui-même regardé comme émigré ; qu'une telle conduite prouve qu'il en était lui-même convaincu , et qu'aux termes de la loi, il ne pouvait ni ne devait rentrer en France :

A répondu qu'il n'avait pu se déterminer à rentrer en France pour se mettre sous le couteau ; qu'il n'avait point hésité de s'y rendre avec empressement lorsqu'il a vu que les lois y étaient respectées ; qu'il a fui la persécution ;

qu'il ne croit point avoir mal fait, et que depuis sa rentrée en France il n'a porté les armes contre sa patrie, non plus que dans les autres pays étrangers.

L'avons de nouveau interpellé de nous déclarer s'il n'a pas eu des conférences avec le ci-devant comte d'Artois, et dans quel endroit il l'a vu :

A répondu qu'il ne l'a vu qu'en France avant sa sortie en août 1789 ; que depuis cette époque il ne l'a point vu ni en pays étranger ni en France, ni personne chargé d'aucune mission de sa part ; qu'il ne sait pas même où il est, ne connaissant les affaires politiques que par la voix publique :

Interrogé depuis quel temps il est sorti de Paris depuis son retour de Bretagne :

A répondu qu'il y a environ quinze jours.

A lui demandé dans quel endroit il a été depuis sa sortie de Paris.

A répondu que son but était de retourner pour ses affaires et celles de son neveu, dont il est tuteur, en sa terre de Villeneuve ; mais que, comme les nouvelles étaient très-alarmantes, que la route n'était point sûre, puisqu'une diligence avait été arrêtée et pillée, il avait pris le parti de revenir à Paris, et s'y rendait lorsqu'il a été arrêté à Tillières, département de l'Eure.

Lecture à lui faite de son interrogatoire, a dit que les réponses qu'il nous a faites sont dans la plus exacte vérité ; a déclaré qu'étant éloigné de tout conseil, il ne signerait point notre procès-verbal, faute par lui de connaître les usages usités en pareil cas ; qu'il demande qu'il lui soit permis d'en appeler un, ainsi que de se faire apporter les pièces nécessaires à sa justification. Ajoute que lorsqu'il a été arrêté à Tillières, on lui a ôté tous ses effets, même son porte-feuille et son argent, dont il demande la remise pour se procurer ses besoins et sa subsistance, et qu'il désirerait pouvoir conférer avec sa famille.

Interpellé une seconde fois par nous de signer notre procès-verbal, a déclaré qu'il ne le signerait point pour les motifs qu'il nous a déjà déclarés. Le procès-verbal en conséquence a été signé du citoyen *Petit* que nous en avons requis, et de nous juge de paix susdit. Quarante mots rayés comme nuls, approuvés, *signé* PETIT et DUPERRON.

Sur quoi nous juge de paix susdit, attendu que *René-Guillaume-Paul-Gabriel-Etienne Geslin de Villeneuve*, dit *Lesage*, est prévenu d'émigration, que son interrogatoire nous paraît en administrer la preuve, nous avons ordonné qu'en vertu de l'article LXXI du code des délits et des peines, et de l'article I.er de la loi du 12 floréal, il sera conduit en la maison d'arrêt du Plessis pour y être détenu jusqu'à ce qu'il en ait été autrement ordonné, à l'effet de quoi avons délivré mandat d'amener aux citoyens *Etienne-Pierre Hédouys* et *Jacques Morin*, tous deux gendarmes à la résidence de Nonancourt, qui s'en sont chargés pour l'y conduire et nous en apporter l'écrou et leur décharge. Fait et jugé lesdits jour et an.

Signé HÉDOUYS, MORIN et DUPERRON.

Et à l'instant le citoyen Petit nous ayant requis, de procéder au récolement des papiers et assignats trouvés lors de l'arrestation du prévenu Geslin, et mentionnés au procès-verbal qui en a été dressé à Tillières, par lui commissaire du pouvoir exécutif, et à la cote et paraphe desdites pièces, y avons procédé ainsi qu'il suit:

1.° Deux assignats de quatre cents livres chacun, série 52, n.° 144; l'autre, série 442, n.° 168;

2.° Un passe-port daté de Cholet, le 21 frimaire, quatrième année républicaine, signé le général en chef, L. HOCHE;

3.° Un autre passe-port délivré en la maison commune à Rennes, le 19 brumaire, an quatrième, signé TENSÉ, officier municipal, et SOSÉ, secrétaire-greffier.

4.° Une patente délivrée à Paris le 1.er vendémiaire, au bureau d'enregistrement de la section Lepelletier, à François Lesage, demeurant à Paris, rue de la Loi, maison de Lebois, signée par Lecomte;

5.° Deux pièces trouvées dans la coiffe du chapeau, cotées 5;

6.° Cinq pièces désignées au procès-verbal, liées avec de la faveur bleue;

7.° Sous la cote 7, cent soixante-dix-neuf assignats faux de quatre cents livres chacun, enveloppés d'un papier gris. Dans un porte-manteau, se sont trouvés redingotes, souliers et mémoire de Cormatin, des rasoirs et autres objets ne méritant description.

8.° Dans un porte-feuille, un assignat de 1,000 liv.,

de la création du 18 nivôse, an 3, signé *Noël*, n.° 460, série 1463, et plusieurs billets de 5 liv., de 10 et 15 s., lesquels n'ont été cotés ni paraphés; savoir : dix-sept assignats de 5 liv., montant à 85 liv.; un assignat de 25 liv., deux de 15, un de 50 et deux de 10, montant le tout ensemble à la somme de mille quatre-vingt-onze livres cinq sous;

9.° Un cœur enflammé surmonté d'une croix, au-dessous duquel est écrit : *Cœur sacré de Jésus, ayez pitié de nous;*

10.° Une empreinte de cire d'Espagne rouge, représentant un écusson qui paraît être d'argent, sur un morceau de papier blanc, ledit écusson et chevron brisé, accompagné de trois croissans, surmonté d'une couronne de marquis;

11.° Un emblême en crayon à mine de plomb, représentant une croix portée sur un cœur appuyé sur deux épées en sautoir, au-dessus une couronne royale surmontée du cri de *vive le roi;*

12.° Un morceau de carte coupé par ondulation;

13.° Une reconnaissance signée *Hervé*, datée de Paris, le 4 frimaire, d'un duplicata remis par M. *Geslin*, pour faire un emprunt de 20,000 liv. en numéraire, en date du 1.er novembre 1795, passé à son ordre le 3 du même mois par M. Leveneur.

Après le récolement fait, lesdites pièces ont été cotées et paraphées par le citoyen *Petit*, et par nous juge de paix, le citoyen *Geslin* ayant refusé de le faire, de ce interpellé : quant à un paquet contenant une bonbonnière et autres effets contenus dans un paquet qui nous a été représenté, scellé de deux cachets de l'administration municipale de Tillières, n'a été fait récolement des effets qu'il renfermait, les cachets n'ayant été par nous rompus, et étant ledit paquet cacheté resté entre les mains du citoyen *Petit*. Ce fait, avons clos notre procès-verbal, qui a été signé du citoyen *Petit* et de nous juge de paix, à trois heures et demie du matin. Approuvent mots rayés comme nuls. *Signé* PETIT.

DUPERRON.

Certifié conforme,

Le ministre de la justice,

MERLIN.

PASSE-PORT saisi sur l'ex-comte de Geslin.

DE PAR LE ROI.

LAISSEZ librement passer M. le comte *de Geslin*, chevalier de Saint-Louis, se rendant dans la Vendée : fournissez-lui guides et moyens pour ce passage.

Au quartier général de Bourmantes, ce 10 décembre 1795.

> *Signé* le comte DE CHATILLON, lieutenant-général de l'armée.

Vu passer, ce jour 10 décembre, à la Verrie.

> *Signé* LELION, commandant.

Vu passer, à la Pommeraye, le 13 décembre.

> *Signé* COCU.

Certifié conforme :

Le Ministre de la Justice,

> MERLIN. *

En regard : Armée catholique et royale aux ordres de M. le vicomte de Scepeaux.

En regard : Place d'un cachet portant trois fleurs de lis.

---

* *On trouvera dans le corps du procès-verbal du 2 nivôse, et du jugement du 6 du même mois, les autres pièces saisies sur Geslin.*

ARRÊTÉ du Directoire exécutif, pour faire juger l'ex - comte DE GESLIN par une Commission militaire.

EXTRAIT des Registres des Délibérations du Directoire exécutif.

Du 4 Nivôse, l'an quatrième de la République française, une et indivisible.

LE Directoire exécutif, vu le procès-verbal dressé le 2 de ce mois par l'Administration municipale du canton de Tillières, département de l'Eure, relativement au nommé *Geslin*, ci-devant comte, prenant le nom de *François Lesage*; le passe-port délivré à celui-ci *le deux Novembre mil sept cent quatre-vingt-quinze*, par *Joseph de Puysaye*, se disant général en chef des armées catholiques et royales de Bretagne et autres, soidisant officier des mêmes prétendues armées; l'acte daté du quartier général de Belleville, le . . . . . par lequel le soi-disant *Chevalier Charrette, lieutenant-général, général en chef*, autorise ledit *Geslin* à disposer d'une somme de huit cent mille livres pour sauver les chefs des Chouans, alors détenus à Paris; l'ordre donné par le juge de paix du canton de Tillières, le même jour 2 Nivôse présent mois, de conduire ledit *Geslin* devant le Directoire exécutif; le procès-verbal de l'interrogatoire subi hier par ledit *Geslin*, en présence du juge de paix de la section de l'Ouest, et duquel résultent la preuve et l'aveu de son émigration en mai 1792, ainsi que de sa rentrée en France depuis l'époque de la pacification des Chouans; le mandat d'arrêt décerné en conséquence par le même juge de paix contre ledit *Geslin*, et motivé notamment pour fait d'émigration; l'article VII du titre V de la loi du 25 Brumaire de l'an 3, et l'article CXCVIII du code des délits et des peines, décrété le 3 Brumaire dernier;

ARRÊTE que, par l'état-major de l'armée de l'intérieur, il sera, dans le jour, nommé une commission militaire de cinq membres pour juger ledit *Geslin*, conformément à la loi.

Le Ministre de la Justice est chargé de tenir la main à l'exécution du présent arrêté.

Pour expédition conforme : *signé* REUBELL, *président ; par le Directoire exécutif, le secrétaire-général*, LAGARDE.

LETTRE de la Commission militaire, au Directoire exécutif.

Paris, 5 Nivôse, six heures et demie du soir, an 4.

La Commission militaire, assemblée au Palais de Justice pour juger le nommé GESLIN *dit* Lesage *, prévenu d'émigration et autres délits,*

Aux Membres du Directoire exécutif de la République française.

CITOYENS,

LE prévenu que nous devons juger persiste à demander un défenseur officieux ; il nomme le citoyen *Julienne*, qu'on ne trouve point. Obligés, d'après la loi, de prononcer notre jugement dans les vingt-quatre heures, nous avons craint de la contrarier en remettant à demain la continuation de cette cause. Veuillez donc, Citoyens, nous rassurer à cet égard, ou nous ordonner de passer outre, malgré l'absence du défenseur indiqué par le prévenu. Votre réponse que nous attendrons avec impatience, décidera notre marche.

Salut et respect.

Les Membres de la Commission militaire, séant au Palais de Justice,

Le général de brigade, président, PEYRE; *le chef d'escadron,* LANGLOIS; LIÉNARD, *chef de bataillon;* DAURIERE *et* CHÉRY.

ARRÊTÉ pris par le Directoire exécutif sur la Lettre qui précède.

EXTRAIT des Registres des Délibérations du Directoire exécutif.

Du 5 Nivôse, l'an quatrième de la République française, une et indivisible.

LE Directoire exécutif, considérant que le Ministre de la Justice est chargé de l'exécution de son arrêté d'hier concernant la Commission militaire établie pour juger l'émigré Geslin,

Renvoie à ce ministre la lettre de ladite Commission, datée de ce jour, relative à la prétention dudit Geslin, d'avoir pour défenseur officieux le citoyen Julienne.

Pour expédition conforme,

Signé REUBELL, *président.*

Par le Directoire exécutif,

Le Secrétaire général.

Lettre du Ministre de la Justice à la Commission militaire.

Paris, 5 Nivôse, an 4.º de la République française.

LE MINISTRE de la Justice,

A la Commission militaire établie au palais de Justice.

CITOYENS, le Directoire exécutif vient de me renvoyer, par l'arrêté dont une expédition est ci-jointe, la lettre que vous lui avez écrite aujourd'hui, relativement à la prétention élevée par l'émigré Geslin, d'avoir pour défenseur officieux le citoyen Julienne.

Vous demandez à ce sujet, citoyens, si, attendu l'absence du citoyen Julienne, vous devez passer outre au jugement de l'accusé, ou si vous devez surseoir.

La réponse que j'ai à vous faire, citoyens, est indiquée par la loi elle-même.

Ce que la loi commande, il faut l'exécuter à la rigueur.

Ce qu'elle ne dit pas, il n'est pas permis de le suppléer.

Désobéir ou ajouter à la loi, serait également un crime.

Or, la loi du 25 brumaire de l'an 3 ne dit pas un mot des défenseurs officieux ; son silence à leur égard est une prohibition de les admettre quand il s'agit d'émigrés.

Le motif de la loi est simple ; c'est que, dans le jugement d'un émigré, il ne s'agit que de constater un fait, et qu'à cet égard tout doit se résoudre par *oui* ou par *non*.

Il y a d'ailleurs, par rapport aux émigrés traduits devant les commissions militaires, une raison particulière ; c'est que la loi veut qu'ils soient jugés dans les vingt-quatre heures du mandat d'arrêt décerné contre eux ; disposition qui assurément serait inexécutable, s'il était permis à un émigré traduit devant une commission militaire, de se procurer un sursis en demandant pour défenseur officieux un individu fort éloigné du lieu des séances de cette commission.

Déja vous avez excédé le terme dans lequel la loi vous obligeait de prononcer. Ce n'est pas, certes, une irrégularité dont l'accusé puisse se prévaloir ; car ce n'est pas en sa faveur que ce terme a été prescrit. Mais c'est assez vous dire qu'ayant obtenu un délai plus long qu'il n'avait droit d'exiger, il ne peut plus, sous aucun prétexte, exiger davantage.

Salut et fraternité.

Le Ministre de la Justice,

Signé MERLIN.

JUGEMENT *rendu par la Commission militaire, séant au Palais de justice, à Paris, qui condamne René-Guillaume-Paul-Gabriel-Étienne* GESLIN DE LA VILLENEUVE, *dit* LESAGE, *ci-devant comte* DE GESLIN, *à la peine de mort.*

Du 6 Nivôse, an 4.ᵉ de la République, une et indivisible.

AU NOM DU PEUPLE FRANÇAIS : Vu par la Commission militaire, établie sur l'arrêté du Directoire exécutif, en date du 4 de ce mois, par délibération de l'état-major général, convoqué et assemblé par ordre du général en chef, en vertu de l'article VII de la loi du 25 Brumaire an 3, séant au palais de justice, à Paris ;

Le procès-verbal dressé le 2 nivôse présent mois à l'administration municipale du canton de Tillières, département de l'Eure, qui constate que le 2 nivôse, un particulier passant avec le courrier de la malle, présenta en paiement d'un objet qu'il avait acheté, deux assignats de quatre cents livres faux ; que ces assignats reconnus faux, le citoyen commissaire provisoire du Pouvoir exécutif auprès de ladite administration, donna ordre d'arrêter la voiture, et de conduire devant lui le courrier et les voyageurs ; ce qui a été exécuté par Étienne-Pierre Hédouys, gendarme à la résidence de Nonancourt, et Jacques Morin, aussi gendarme à la même résidence ; qu'un individu, lequel a dit se nommer François *Lesage*, âgé de quarante-un ans, natif de Port-Malo, département des Côtes-du-Nord, taille de cinq pieds quatre pouces, visage ovale, cheveux blonds, front large, les sourcils blonds, les yeux bleus, le nez moyen, les lèvres vermeilles, menton fourchu, ainsi qu'il résulte d'un passe-port militaire par lui représenté, fait au quartier général à Chollet, le vingt et un frimaire, quatrième année républicaine, est celui qui a présenté lesdits deux assignats ; et que le gendarme Hedouys, ci-dessus nommé, l'a vu retirer de sa poche un paquet enveloppé dans une feuille de papier gris, et le jeter parmi les paquets de la malle, lorsque lui et son camarade furent pour se saisir du courrier et des voyageurs ; que c'est ce même paquet que lui Hedouys a saisi sur-le-champ en s'élançant dans la voiture, ainsi que d'autres petits papiers attachés avec de la faveur bleue, épars dans ladite voiture, en demandant à qui ils appartenaient; qu'alors ledit Lesage a pris lesdits papiers, qui par suite ont été retrouvés par le citoyen Morin, gendarme susnommé, sur le bord de la croisée de la cuisine du citoyen Glaçon, où avait été ledit *Lesage*; qu'à l'égard d'un chapeau représenté et reconnu par ledit *Lesage* pour lui appartenir et être le sien, ouverture faite de la coiffe dudit chapeau, il s'y est trouvé plusieurs papiers dont description n'a pas été faite (y est-il dit) par prudence; que le paquet de papier gris dont est parlé ci-dessus, également représenté, mais que ledit *Lesage* a dit ne pas reconnaître, s'est trouvé, ouverture faite d'icelui, contenir cent soixante dix-neuf assignats de quatre cents livres faux; que sur la présentation à lui faite d'un passe-port conçu en ces termes : « Au nom du roi, il » est ordonné à tous officiers et soldats des armées catho- » liques et royales de Bretagne, de laisser librement » voyager de Brest à Paris, et de Paris à Brest, M. » le comte *de Geslin*, ainsi que par-tout ailleurs où » ses affaires l'appelleront. Prions tous officiers et » soldats des autres armées catholiques et royales du » royaume, de lui prêter secours en cas de besoin. » Donné au conseil général, le 2 novembre 1795, » premier du règne de Louis XVIII. *Signé* le comte Joseph » de Puysaye, général en chef, chevalier de la Crochaye, » Lemercier de la Couterie, Guyon, Herondèle, lieu- » tenant; de Boutreys, le général comte Vauban, » maréchal général des logis. En marge est un cachet » portant trois fleurs-de-lis surmontées d'une couronne » royale soutenue par deux aigles; » ledit *Lesage* a répondu n'avoir aucune connaissance de cette pièce; que dans les poches dudit *Lesage*, il s'est trouvé une bonbonnière renfermant une croix de saint Louis et une de saint Lazare, que ledit *Lesage* a dit avoir achetées d'un marchand aux environs de Laval, dont il ignore le nom;

Le mandat d'arrêt décerné par le juge de paix dudit canton de Tillières, ledit jour 2 nivôse présent mois, portant que ledit *François Lesage*, prévenu de projets contre-révolutionnaires et attentatoires à l'unité de la République, sera conduit devant le Directoire exécutif;

Le procès-verbal dressé par le juge de paix de la

section de l'Ouest, en date des 3 et 4 de ce mois, en vertu des ordres à lui adressés par le ministre de la justice, qui constate que ledit juge de paix s'est transporté rue de Seine, maison dite de Seine, où il trouva le citoyen commissaire provisoire du Pouvoir exécutif près l'administration municipale du canton de Tillières, département de l'Eure, avec un particulier gardé par deux gendarmes ; à l'interrogatoire duquel particulier, ledit juge de paix a procédé, d'après les ordres et les instructions à lui donnés par le ministre de la justice. Vu ledit interrogatoire, d'où il résulte que ce particulier qui avait dit s'appeler *Lesage*, a déclaré que son nom était *René-Guillaume-Paul-Gabriel-Etienne Geslin de la Villeneuve*, dit *Lesage*, âgé de quarante-un ans, ci-devant colonel à la suite de la cavalerie, et actuellement marchand, suivant les patentes qu'il a obtenues, domicilié à Paris, rue de la Loi ; et que, de son propre aveu consigné dans ses différentes réponses, il a émigré. Vu lesdites pièces déposées pour conviction, entr'autres un bon ainsi conçu : » De par le roi, j'autorise M. de » *Geslin* à prélever, chez les personnes qui sont restées » fidèles à leur Dieu et à leur roi, la somme de huit » cent mille livres en assignats ; laquelle somme sera de » suite employée pour la délivrance de huit officiers » de Chouans de note, qui sont dans les fers à Paris, » et qui vont être sous peu livrés au couteau de la » République. Donné au quartier-général de Belleville, » le 9 octobre 1795. *Signé* le chevalier CHARRETTE, » lieutenant-général en chef. » Ladite pièce cotée 5, et paraphée. Tout vu et considéré,

LA COMMISSION MILITAIRE, établie et séant au palais de justice, en exécution de l'article VII, titre V de la loi du 25 brumaire, an troisième, duquel article a été fait lecture, et lequel est ainsi conçu : « Tous les » Français émigrés qui seront pris faisant partie de rassem-» blemens armés ou non armés, ou ayant fait partie des-» dits rassemblemens ; ceux qui ont été ou seront pris, » soit sur les frontières, soit en pays ennemi, ou dans » celui occupé par les troupes de la République, s'ils ont » été précédemment dans les armées ennemies ou dans » les rassemblemens d'émigrés ; ceux qui auront été ou » se trouveront saisis de congés ou de passe-ports délivrés » par les chefs français émigrés, ou par les commandans

» militaires des armées ennemies, sont réputés avoir
» servi contre la France; ils seront en conséquence jugés,
» dans les 24 heures, par une Commission militaire
» composée de cinq personnes nommées par l'état-
» major de la division de l'armée dans l'étendue de laquelle
» ils auront été arrêtés; » a fait comparaître devant
elle le nommé *René-Guillaume-Paul-Gabriel-Étienne
Geslin de la Villeneuve*, ci-devant comte *de Geslin*, ayant
pris le nom de *Lesage*, âgé de 41 ans, ci-devant comte
et colonel à la suite de la cavalerie, et actuellement marchand, suivant les patentes qu'il a dit avoir obtenues,
domicilié à Paris, rue de la Loi, convaincu d'émigration;
d'avoir été arrêté muni de passe-port à lui délivré par
les chefs français émigrés, et commandans militaires
des armées ennemies, et muni de commission qui le
constitue agent et complice des rebelles armés contre la
République. En conséquence et conformément aux articles 8 de la loi du 25 brumaire, an 3, sur les émigrés,
et 598 de la loi du 3 brumaire dernier, code des délits et
des peines, dont a été fait lecture, et lesquels sont ainsi
conçus : savoir, l'article 8, « Aussitôt après le juge-
» ment qui les aura déclarés convaincus des crimes
» énoncés en l'article précédent, ils seront livrés à l'exé-
» cuteur, et mis à mort dans les vingt-quatre heures; »
et l'article 598 de la loi du trois brumaire dernier : « Sont
» également maintenues les lois sur la manière de juger
» les émigrés et les rebelles armés contre la République,
» sous les noms de *Barbets*, *Chouans* ou autres; »
CONDAMNE ledit *Geslin*, dit *Lesage*, à la peine de
mort; ordonne que le présent jugement sera exécuté dans
les vingt-quatre heures, imprimé, et affiché par-tout où
besoin sera.

FAIT et prononcé à Paris, le 6 nivôse, an 4 de la
République française, une et indivisible, en la séance
publique de la Commission militaire séant au palais de
justice, où étaient présens les citoyens PEYRE, général
de brigade; DAURIERE, chef de la vingt-neuvième demi-
brigade; LANGLOIS, chef d'escadron du troisième régiment de dragons; LIENARD, chef de bataillon de la
cent-vingt-huitième demi-brigade; et CHERY, capitaine
des grenadiers de la Représentation nationale, à une
heure du matin, qui ont signé la minute du présent
jugement.

Au nom du Peuple Français, il est ordonné à tous huissiers, sur ce requis, de faire mettre le présent jugement à exécution ; aux commandans et officiers de la force publique, de prêter main-forte lorsqu'ils en seront légalement requis ; et au commissaire du pouvoir exécutif, d'y tenir la main : En foi de quoi le présent jugement a été signé par le président du tribunal et par le secrétaire.

Par la Commission militaire, *le Général de brigade*, PEYRE, *président*.

Collationné, SAUSSAY, *secrétaire*.

Lettre au Ministre de la Justice.

Paris, le 6 Nivôse, an IV.

PETIT, commissaire provisoire du Directoire exécutif près l'administration municipale du canton de Tillières, département de l'Eure,

Au Citoyen MERLIN, Ministre de la Justice.

CITOYEN MINISTRE,

Après avoir rempli mes devoirs dans l'affaire du ci-devant comte de Geslin, il me reste cependant quelques renseignemens à vous donner, qui pourront intéresser le gouvernement.

J'avais gagné la confiance de Geslin par les procédés d'humanité dont je m'étais servi envers lui ; j'en profitai pour lui faire quelques questions.

Je lui demandai comment Puysaye était parvenu au généralat des soi-disant armées royales ; il me répondit : « Nous méprisons ses talens militaires, il n'en a aucun ; » mais il est si intrigant, que c'est lui qui est parvenu à » faire épouser notre cause par l'Angleterre : sous ce » rapport, il nous a servi et nous sert encore ; ce sont de » ces têtes exaltées dont on se sert pendant un temps ; car » il est bouffi d'orgueil, il est même fort mal vu du parti. »

Je lui demandai s'il était à Quiberon lors de la déroute des Royalistes, où Puisaye montra plus de dextérité dans

les jambes que de bravoure ; il me répondit : « que beau-
» coup des leurs pensaient que Puysaye était plutôt l'a-
» gent de l'Angleterre que celui du prétendu Roi ; que
» pour lui, Geslin, il n'y était pas, mais qu'il n'y a
» pas six semaines qu'il avait eu une conversation avec
» M. le comte d'Artois, à bord de son vaisseau anglais,
» proche l'Isle-Dieu ».

Il m'avoua aussi qu'il avait émigré ; mais ce qui n'est pas indifférent, c'est qu'en passant sur les bruyères d'Acon, commune située entre Tillières et Nonancourt, il montra au gendarme qui l'accompagnait dans la voiture, la place où il était lorsque les permanens de Nonancourt et de Dreux marchaient à Verneuil le 4 Vendémiaire dernier. Anecdote très-importante, sur laquelle je ne me permettrai aucune réflexion.

Salut et respect.

Signé PETIT.

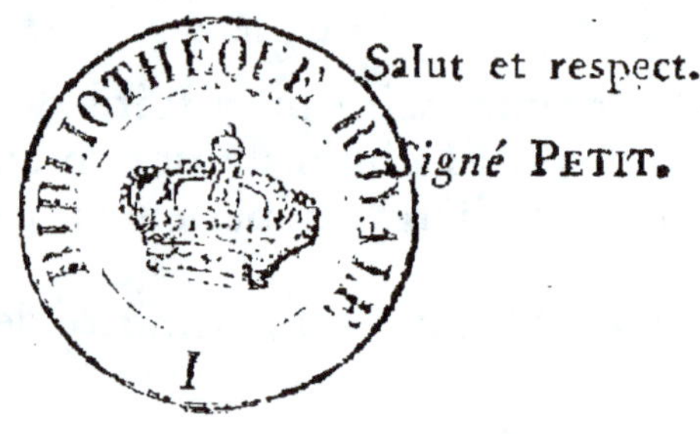

<hr>

À PARIS, DE L'IMPRIMERIE DE LA RÉPUBLIQUE.
Nivôse, an IV.